# OUR MORNING ROUTINE

**WE WAKE UP** - *A ji*

**WE GREET OUR PARENTS** - *A ki awọn óbi wa*

**WE BATH** - *A wẹ*

**WE WEAR OUR CLOTHES** - *A wọ aṣọ wa*

**WE EAT BREAKFAST** - *A jẹ onjẹ-áarọ*

**WE GO TO SCHOOL** - *A lọ si ilé-iwé*

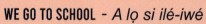

# THIS BOOK BELONGS TO:

---

### COPYRIGHT © 2019 ELIZABETH TEMI OPANUGA

All rights reserved. No part of this publication may be reproduced, distributed, or transmitted in any form or by any means, including photocopying, recording, or other electronic or mechanical methods, without the prior written permission of the publisher, except in the case of brief quotations embodied in critical reviews and certain other noncommercial uses permitted by copyright law. For permission requests, send an email to temis_tutorials@yahoo.co.uk

ISBN: 9781708218768
Published by Temi's Yoruba School

## DEDICATED TO

Our Twins, Nifemi (Taiwo) and Tishe (Kehinde):
You have inspired us to create this book,
as our wish for you both is to
learn our beautiful Yoruba language and culture.
We want you to be proud of your
cultural heritage and who you are.
We give all the glory to God knowing
that you are fearfully and wonderfully made.
Mummy and Grandma love you loads xx

To our Yoruba students:
Your dedication, hard work and love
for the language will soon pay off.
Keep it up and well done!

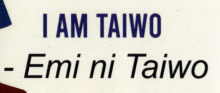
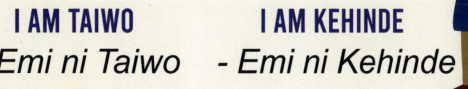

**I AM TAIWO**
*- Emi ni Taiwo*

**I AM KEHINDE**
*- Emi ni Kehinde*

# IN THE MORNING...

*Ni áàrọ̀...*

# WE TIDY OUR BEDS

*- A tẹ ibusun wa*

# WE GREET OUR PARENTS
*- A ki awọn óbi wa*

# GOOD MORNING MUMMY AND DADDY
*- E káàrọ̀ Mama ati Baba*

# WE BRUSH OUR TEETH
## - A fọ ehin wa

# WE BATH
## - A wẹ

**TAIWO- I LIKE TO PLAY WITH DUCKS**
*- Mo fẹ́ràn láti ṣere pẹlu pẹ́pẹ́yẹ*

**KEHINDE- I LIKE TO SPLASH WATER**
*- Mo fẹ́ràn láti ta omi*

# WE WEAR OUR CLOTHES
### - A wọ aṣọ wa

# WE COMB OUR HAIR
## - *A ya irun wa*

# WE EAT BREAKFAST
## — A jẹ onjẹ-áarọ

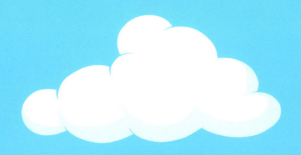

# WE WEAR OUR SHOES
## - *A wọ bàta wa*

# WE PACK OUR SCHOOL BAGS
## *- A di apo ilé-iwé wa*

# WE GO TO SCHOOL
## *- A lọ si ilé-iwé*

# VOCABULARY

| ENGLISH | YORUBA | PRONUNCIATION |
|---|---|---|
| Wake up | Ji | Ji |
| Bed | Ibusun | I-bu-soon (n is silent) |
| Clean | Mo | Mor |
| Messy | Daru | Da-roo |
| Greet | Ki | Key |
| Parent | Óbi | O-bi |
| Parents | Awọn óbi | A-won o-bi (n is silent) |
| Morning | Áàrọ̀ | Aaroh |
| Good morning (singular respect & plural) | Ẹ káàrọ̀ | Eh-ka-aroh |
| Good morning (singular agemate & younger) | Káàrọ̀ | Ka-aroh |
| Kneel down | Kúnlẹ̀ | Kun-leh |
| Prostrate | Dọbalẹ̀ | Dor-ba-ler |
| Brush | Fọ̀ | For |
| Teeth | Ehin | E-yin (n is silent) |
| Red | Pupa | Pu-pa |
| Toothbrush | Ifọyin | I-for-yin (n is silent) |
| Green | Awọ̀-eweko | Awor-eweh-ko |
| Bath | Wẹ | Weh |
| Like | Fẹ́ràn | Fe-raw |
| Play | Ṣere | She-reh |
| Ducks | Pẹ́pẹ́yẹ | Pe-pe-yeh |
| Water | Omi | Oh-me |
| Wear | Wọ | Wor |

| ENGLISH | YORUBA | PRONUNCIATION |
|---|---|---|
| Clothes | Aṣọ | A-shor |
| Dress | Kaba | Ka-bah |
| Trousers | Ṣókoto | Sho-co-tau |
| T-shirt | Èwu-awọtẹ̀lẹ̀ | Ewu-a-wor-ter-leh |
| Comb | Ya | Yah |
| Hair | Irun | I-roon (un is nasal vowel, which makes 'n' silent) |
| Long | Gùn | Goon (un is nasal vowel, which makes 'n' silent) |
| Short | Kúru | Kuru |
| Eat | Jẹ | Jeh |
| Breakfast | Onjẹ-áarọ | Onje-aaroh |
| Bread | Búrẹdi | Bu-re-di |
| Egg | Eyin | Eh-yin (n is silent) |
| Shoes | Bàta | Ba-ta |
| Feet | Ẹsẹ̀ | Eh-seh |
| Small | Kéré | Keh-reh |
| Big | Tóbi | Tobi |
| Pack | Di | Di |
| Bag | Apo | A-poh |
| School | Ilé-iwé | Iler-e-where |
| Snack | Ipanu | I-panu |
| Orange juice | Omi-ọsàn | Omi-oson |
| Walk | Rin | Rin (n is silent) |
| Ride | Gùn | Gun (n is silent) |
| Bike | Kẹkẹ | Keh-keh |
| Go | Lọ | Lor |
| To see | Lọ si | Lor see |
| We | A | Ah |
| I | Mo | Moh |
| Our | Wa | Wah |

Printed in Great Britain
by Amazon